Petit

Prussiens
Champagne
1884

LES PRUSSIENS

EN CHAMPAGNE

DU MÊME AUTEUR

Le Serment du Jeu de Paume . . . .

La Défense de Lille en 1792. . . .

LES PRUSSIENS EN CHAMPAGNE

1792

PAR

MAXIME PETIT

PARIS. CHARAVAY FRÈRES ÉDITEURS

4, rue de Furstenberg

1884

LES PRUSSIENS

EN CHAMPAGNE

CHAPITRE PREMIER

LA DÉCLARATION DE GUERRE

I

Avant la Révolution française, les guerres que se livraient les souverains avaient pour mobile l'ambition, l'intérêt ou le caprice, et le droit des peuples était foulé aux pieds par des hommes qui se considéraient comme les propriétaires de leurs États. Mais lorsque l'Assem-

blée constituante eut posé en principe que les
Rois devaient être de simples magistrats entre
les mains desquels était déposée la Souveraineté nationale, les Maisons régnantes se trou-
vèrent d'accord pour combattre l'ennemi commun : l'esprit nouveau. La Révolution, opérée
dans un pays où le pouvoir absolu semblait si
solidement établi, avait fait naître de sérieuses
inquiétudes chez ceux qui l'exerçaient ailleurs.

Les changements survenus dans la Constitution d'un État sont, en principe, sans portée
pour le droit international. Aucune puissance,
quelque forte qu'elle soit, n'a la faculté de
s'immiscer d'autorité dans l'exercice des droits
qui émanent de la Souveraineté d'un État
étranger et indépendant. Le fait de renverser
un gouvernement est sans doute une violation
de la Constitution existante, mais il ne porte
atteinte en aucune façon au droit international,
c'est-à dire aux relations des puissances entre
elles. Au contraire, dans un pays où l'opposi-
tion est en lutte avec le gouvernement, l'intervention armée ou même diplomatique de
l'étranger constitue une entreprise illégale

ontre l'indépendance respective des Etats.
La parenté des dynasties, la conformité des
ntérêts ne justifient point cette intervention,
as plus que l'antipathie contre le gouverne-
ent arrivé au pouvoir à la suite d'une révolu-
on. La solidarité des intérêts ne peut justifier
a violation du droit international; l'indépen-
ance des États doit être respectée (1). »
Ce principe de la non-intervention fut violé,
la fin du xviiie siècle, par les puissances euro-
éennes, qui crurent pouvoir arrêter violem-
ent le progrès des idées nouvelles. Le Droit
ivin, fondement du droit public et du droit
les gens sous l'ancien régime, était incompa-
ible avec la souveraineté du peuple, principe
lu droit public et du droit des gens sous la Ré-
olution : le premier dérivait des droits pri-
nordiaux de l'héritage et de la famille, le se-
ond des droits absolus des citoyens (2). De la
ontradiction de ces deux principes résultèrent
es guerres de la Révolution, dont l'origine

1. Bluntschli. *Le droit international codifié.*
2. V. Franck-Brentano et Albert Sorel. *Précis du
droit des gens.* p. 485.

doit être cherchée dans l'application aux a
faires intérieures de la France, par les Éta
coalisés, de la règle de l'intervention, règl
fondée sur des raisons égoïstes et susce
tible, par suite, des abus les plus divers. Pou
ne citer qu'un exemple, nous rappellerons qu
les premiers actes relatifs au partage de l
Pologne se sont accomplis sous la forme d'un
intervention.

Certes, les idées révolutionnaires, basée
sur le droit naturel et subversives de toute do
mination arbitraire, avaient un tel caractèr
d'universalité qu'elles pouvaient, en se propa
geant, amener la ruine des monarchies abso
lues; mais au cas même où les nations euro
péennes les eussent immédiatement acclamées
il en aurait fallu conclure que les principe
nouveaux étaient bons, puisque tous les adop
taient, et que ceux de l'ancien régime ne
l'étaient pas, puisque les peuples n'en vou
laient plus. Il est contraire aux préceptes les
plus simples de la philosophie d'admettre
qu'un peuple ne soit pas libre de substituer
à un état de choses injuste un ordre se rap-

prochant autant que possible de l'ordre naturel. L'Assemblée constituante s'était engagée
à n'entreprendre aucune guerre agressive et à
ne s'occuper jamais des affaires intérieures des
États étrangers : la propagation des idées
de 89 ne pouvait donc qu'être naturelle, spon-
tanée. Du moment où la France n'exerçait aucune pression pour les faire adopter, du moment où elle respectait la monarchie absolue
en dehors de ses frontières, personne n'était en
droit de lui faire la loi.

II

RÉCLAMATION DES PRINCES POSSESSIONNÉS EN ALSACE.

C'est au mois de janvier 1790 que commencèrent les hostilités diplomatiques entre la
France et l'étranger. Les princes allemands qui
avaient des droits féodaux dans certaines pro-
vinces de l'Est (1) dont les privilèges étaient

1. Le traité de Westphalie, qui donna l'Alsace à la
France, avait réservé les droits des princes allemands
qui possédaient des domaines dans la province. On a
l'habitude de désigner ces princes sous le nom de
princes possessionnés.

abolis depuis la nuit du 4 août, reclamèrent l'intervention de l'Empereur (1) lequel adressa des représentations à notre gouvernement.

L'Assemblée Constituante ne pouvait assurément pas revenir sur la décision qu'elle avait prise à l'égard des princes possessionnés, car tout le territoire compris sous une même domination doit relever des mêmes lois; mais comme elle désirait achever son œuvre réformatrice sans être préoccupée de soucis étrangers, elle établit dans son sein un comité chargé d'examiner les griefs des plaignants, et le 28 octobre 1790, elle autorisa le roi Louis XVI à négocier avec eux l'abandon volontaire de leurs droits en échange d'une indemnité.

Les princes, loin d'accueillir favorablement les ouvertures bienveillantes de l'Assemblée, déclarèrent inaccceptable toute indemnité qui ne consisterait pas en biens-fonds, et l'Empereur porta l'affaire devant la Diète qui, après une délibération assez longue (4 juillet — 6 août 1791), prit un *conclusum* par lequel elle

1. Léopold II, empereur d'Allemagne (1790-1792).

LÉOPOLD II

invitait Léopold II à se mettre en mesure de maintenir les droits des États de l'Empire contre les usurpations de la France. En même temps, l'Empire se reconnut obligé d'assister ces États; il ordonna des armements et fit appel aux puissances garantes du traité de Westphalie. Léopold ratifia le *conclusum* de la Diète le 10 décembre. Il annonça qu'il avait de nouveau demandé justice en faveur des princes lésés, dans une lettre adressée à Louis XVI.

Par sa réponse du 15 février 1792, le roi de France renouvela l'offre de traiter sur les bases d'une indemnité pécuniaire; il refusa le *statu quo* comme incompatible avec la nouvelle Constitution; enfin, il déclara que dans la fixation des indemnités, on tiendrait compte de la perte que les princes avaient éprouvée depuis le 4 août 1789 par suite de la non-jouissance d'une partie de leurs revenus.

Ces offres étaient à ce point raisonnables, elles témoignaient de la part de l'Assemblée d'un si vif désir d'éviter tout différend avec l'étranger que le duc de Deux-Ponts, le prince Maximilien, le duc de Wurtemberg, les princes de

Lœwenstein-Wertheim et de Salm-Salm auto-
risèrent leurs fondés de pouvoirs à les accepter.
Des conventions furent même signées, mais
les événements subséquents les rendirent inac-
ceptables.

III

L'ÉMIGRATION.

A ces premières difficultés vinrent s'en ajou-
ter d'autres bien plus graves. Dès le 14 juillet
1789, le comte d'Artois et la famille de Polignac
avaient quitté Versailles et donné le signal de
l'émigration. Néanmoins tant que la Cour,
« retirée dans une petite ville uniquement peu-
plée de serviteurs », ne se trouva pas directe-
ment soumise à l'influence populaire, les cour-
tisans, espérant décider Louis XVI à tenter un
coup d'Etat, n'abandonnèrent pas leur monarque.

L'émigration ne prit des proportions consi-
dérables qu'après l'installation de la famille
royale aux Tuileries. Ces hommes qui, pour

ne pas renoncer à d'injustes privilèges, allaient
ameuter l'Europe contre leur propre patrie et
s'éloignaient du trône au moment même où la
Révolution menaçait de l'ébranler, se rendirent
d'abord à Turin, auprès du comte d'Artois ; de
là, ils cherchèrent à soulever les départements
du midi et affectèrent de ne pas considérer le
Roi comme libre. Marie-Antoinette, autrichienne,
ennemie de la nouvelle cour de Turin (1), n'ai-
mait pas, au fond, ces premiers émigrés ; elle
tournait vers l'Empereur toutes ses espérances,
tandis que Louis XVI, toujours indécis, ne sa-
vait quel parti prendre pour enrayer la marche de la Révolution.

Une conspiration, ourdie par les agents des
égarés de Turin, fut tentée à Lyon dans les
derniers mois de l'année 1790 ; elle fut décou-
verte, et ce revers décida les émigrés à changer de résidence. Ils se rendirent à Coblentz,

1. Victor-Amédée III, roi de Sardaigne, avait marié
ses deux filles aux comtes d'Artois et de Provence,
frères de Louis XVI. Il s'était empressé d'ouvrir ses
Etats aux émigrés, qui formèrent bientôt à Turin une
véritable cour, dont Calonne était comme le ministre.

ne laissant derrière eux que quelques agents subalternes. Ils y furent rejoints par un grand nombre d'officiers, qui refusèrent de prêter le serment de fidélité exigé par l'Assemblée, après la fuite de la famille royale (1).

Coblentz étant devenu le centre de l'émigration, les frères du Roi se fixèrent à Schœnbornlust, dans l'électorat de Trèves. Il se forma le long du Rhin des rassemblements armés, dont les fanfaronnades finirent par émouvoir l'Assemblée. En août 1791, les députés envoyèrent auprès des princes le chevalier de Coigny, avec la mission de négocier leur retour, mais cette démarche n'eut pas plus de succès que la lettre écrite par Louis XVI à ses frères pour les rappeler à Paris. Les émigrés se sentaient soutenus par les principales puissances européennes, inquiètes de la tournure que prenaient les événements.

1. On sait que Louis XVI et sa famille avaient tenté de s'enfuir dans la nuit du 20 au 21 juin 1791. Le Roi voulait s'établir sur la frontière, s'appuyer sur l'armée de Bouillé, et de là dicter ses volontés à l'Assemblée ; mais il fut reconnu.

IV,

GRIEFS DES ROIS CONTRE LA RÉVOLUTION.

Tous les rois avaient en effet des raisons pour vouloir la guerre. Le roi de Naples, le roi d'Espagne (1), le duc de Parme, tous Bourbons, prendraient les armes par esprit de famille. L'empereur Léopold II encourageait sa sœur Marie-Antoinette et son beau-frère Louis XVI à résister aux décrets de l'Assemblée, tolérait les rassemblements d'émigrés et soutenait les princes possessionnés en Alsace. Le roi de Prusse, chez lequel on avait réveillé les idées de pouvoir absolu, avait juré à Reichenbach d'agir contre les révolutionnaires français et polonais. Catherine II voyait dans la coalition une occasion de démembrer la Pologne et la Turquie, pendant que les puissances seraient occupées à nous combattre. Gustave de Suède,

1. Le 10 juillet 1791, le roi d'Espagne adressa à l'Assemblée nationale un mémoire pour l'engager à respecter la liberté et la dignité du Roi.

par esprit chevaleresque, s'était fait le champion de l'absolutisme; dès le 27 juin 1791, se trouvant à Aix-la-Chapelle, il avait donné à son ambassadeur à Paris l'ordre de cesser toute relation avec « les ministres de l'Assemblée nationale. » Le roi de Sardaigne, beau-père du comte de Provence, du comte d'Artois et de Marie-Clotilde, sœur de Louis XVI, avait ouvertement embrassé la cause des émigrés de Turin. « Ces souverains étaient donc à la veille d'entrer en lutte avec la France : les uns par esprit de famille : c'étaient les rois d'Espagne et de Naples et le duc de Parme ; les autres par ambition ou désir de profiter de la confusion générale, c'étaient l'empereur d'Allemagne, le roi de Prusse et la Czarine ; les autres enfin par animosité personnelle, c'étaient les rois de Suède et de Sardaigne (1). »

L'Angleterre ne se déclarait pas encore ouvertement, mais il était aisé de voir que l'enthousiasme avec lequel elle avait d'abord accueilli les idées nouvelles se refroidissait tous

1. Gaffarel. *La Défense nationale en 1792*, p. 13.

les jours. On l'accuse, sans doute avec raison, d'avoir fomenté chez nous les discordes civiles, afin de se venger à leur faveur de notre intervention en Amérique, en ruinant notre marine et nos colonies, et en s'assurant l'empire des mers. La Suisse elle-même ne nous était pas entièrement favorable : le 4 juillet 1791, huit cantons, sur les treize qui étaient assemblés à Frauenfeld, défendirent aux troupes suisses à la solde de la France de prêter le serment de fidélité.

V

TRAITÉ DE PAVIE ET CONVENTION DE VIENNE.

Au mois de mai 1791, Léopold, qui parcourait l'Italie, eut deux entrevues, l'une avec le roi de Sardaigne, l'autre avec le comte d'Artois. Le comte de Durfort vint alors de Mantoue à Paris auprès du Roi et de la Reine, pour s'informer de leurs dispositions et leur soumettre le plan approuvé par l'Empereur. 35.000 hommes marcheraient sur la Flandre, 15.000 sur l'Al-

sace ; 15.000 Suisses attaqueraient Lyon et la
Franche-Comté ; 15.000 Sardes, la Savoie.
20.000 Espagnols franchiraient les Pyrénées.
Réunies à la partie des troupes françaises res-
tées fidèles à la royauté absolue, ces forces,
pensait-on, suffiraient à ramener l'ordre en
France. Durfort conseillait à Louis XVI de ne
pas s'enfuir, tandis que Breteuil, chargé auprès
de la Cour de Vienne des pleins pouvoirs du
Roi, lui conseillait de s'éloigner. Louis suivit ce
dernier conseil et entreprit le voyage de Varennes : on en connaît le résultat.

Vers la même époque, le roi de Prusse envoya en Italie son aide-de-camp pour faire à
l'Empereur des propositions concernant une
alliance intime. Un traité fut, dit-on, conclu à
Pavie, le 6 juillet 1791, entre Léopold en personne, l'aide-de-camp Bischoffswerder, le comte
de Florida-Blanca, ministre d'Espagne, et le
prince de Nassau au nom des princes français.

Ce traité est douteux, mais ce qui ne l'est
pas, c'est que le 6 juillet 1791, jour où il aurait
été signé, l'Empereur adressa aux principales
puissances européennes une circulaire les invi-

tant à déclarer aux Français qu'elles regardaient comme la leur la cause de Sa Majesté très chrétienne, qu'elles exigeaient la mise en liberté immédiate de Louis XVI, qu'elles se réuniraient pour venger les atteintes portées à la dignité de ce monarque, et qu'elles ne regardaient comme lois constitutionnelles que celles librement sanctionnées par lui.

Ce qui est sûr aussi, c'est qu'une convention préliminaire, non officiellement publiée, fut signée à Vienne, le 25 juillet 1791, entre l'Autriche et la Prusse, qui s'engagèrent à conclure une alliance défensive aussitôt que la paix serait rétablie entre la Czarine et le Sultan, que la Russie, la Grande-Bretagne, la Hollande et l'électeur de Saxe seraient invités à y accéder, et que les alliés se concerteraient sur les mesures à prendre relativement à la Révolution française.

VI

DÉCLARATION DE PILNITZ ET ALLIANCE DE BERLIN.

Un mois après, l'Empereur, le roi de Prusse et l'électeur de Saxe eurent à Pilnitz, château situé à quelques lieues de Dresde, une conférence restée célèbre. Les deux monarques étaient accompagnés des princes héréditaires : l'Électeur, des princes et des princesses de sa maison. On y vit paraître le comte d'Artois, le prince de Nassau, Calonne et le marquis de Bouillé. Le 27 août, troisième jour de cette réunion, l'Empereur et le roi de Prusse publièrent la déclaration dont voici le texte :

« Sa Majesté l'Empereur et Sa Majesté le
« roi de Prusse, ayant entendu les désirs de
« Monsieur et de M. le comte d'Artois, dé-
« clarent conjointement qu'elles regardent la
« situation où se trouve actuellement Sa Ma-
« jesté le roi de France comme l'objet d'un in-
« térêt commun à tous les souverains de l'Eu-
« rope. Elles espèrent que cet intérêt ne peut

FRÉDÉRIC GUILLAUME

« manquer d'être reconnu par les puissances
« dont le secours est réclamé ; que, en consé-
« quence, elles ne refuseront pas, conjointe-
« ment avec leurs dites Majestés, les moyens
« les plus efficaces, proportionnellement à
« leurs forces, pour mettre le roi de France en
« état d'affermir, dans la plus parfaite liberté,
« les bases d'un gouvernement monarchique
« également convenable aux droits des souve-
« rains et au bien-être des Français. Alors, et
« dans ces cas, Leurs Majestés sont décidées à
« agir promptement et d'un mutuel accord,
« avec les forces nécessaires pour atteindre le
« but proposé et commun. En attendant, elles
« donneront à leurs troupes les ordres conve-
« nables pour qu'elles soient prêtes à se mettre
« en activité.

« Signé : LÉOPOLD.

« FRÉDÉRIC-GUILLAUME. »

On prétend qu'il fut signé la veille six articles
secrets aux termes desquels les parties con-
tractantes s'obligèrent à convenir des mesures
nécessaires pour maintenir les traités existants

et pour adresser des représentations à la nation française. Si ces représentations demeuraient sans effet, l'Empire serait prié de concourir à l'action commune. Le roi de Prusse s'engageait à appuyer de sa voix l'élection de l'archiduc François à la dignité du roi des Romains; en retour, Léopold s'efforcerait de faire obtenir à Frédéric-Guillaume les villes de Thorn et de Dantzig.

Ainsi, deux souverains, que l'Europe s'était habituée à considérer comme des ennemis naturels, abjuraient leurs préventions mutuelles pour soutenir l'absolutisme.

Cette alliance, projetée à Pilnitz, fut enfin conclue à Berlin le 7 février 1792 : le roi de Prusse et l'Empereur se garantissaient réciproquement leurs possessions et un secours de 20.000 hommes, en cas de guerre. La Russie et l'électeur de Saxe seraient invités à accéder à la convention, dont le but avoué fut le maintien de la Constitution germanique (1).

1. La déclaration de Pilnitz n'eut pas de conséquences immédiates, soit parce que les rois étrangers ne croyaient pas à la durée du gouvernement constitution-

SIGNATURE DU TRAITÉ DE BERLIN (1792)

VII

SUSPENSION DE LA COALITION.

Cependant Louis XVI, ayant accepté le 14 septembre 1791 la nouvelle Constitution élaborée par l'Assemblée nationale, fut réintégré dans l'exercice de ses droits. Il fit notifier son acceptation aux puissances coalisées dans les termes suivants :

« L'Assemblée nationale vient de me présen-
« ter l'acte constitutionnel qu'elle a décrété ; et
« je me suis déterminé à l'accepter, parce que
« je dois le regarder comme le résultat des
« vœux de la grande majorité de la nation. Je
« m'empresse de faire part de cet événement à
« Votre Majesté, connaissant l'intérêt qu'elle
« prend à la prospérité de la monarchie fran-
« çaise, ainsi qu'à tout ce qui me concerne per-

nel en France, soit parce qu'ils auraient craint, en exécutant leurs menaces, de faire courir de sérieux dangers à Louis XVI, prisonnier de l'Assemblée après le retour de Varennes.

« sonnellement. Je prie Votre Majesté d'être
« bien persuadée que ce changement opéré
« dans la Constitution française, ne change en
« rien mon désir de rendre de plus en plus
« inaltérables les liens qui existent entre nous,
« ainsi qu'entre nos nations respectives. »

Cette lettre de notification eut pour résultat
de suspendre momentanément l'effet de la
coalition. L'empereur fit une réponse presque
amicale; il écrivit aux puissances qu'il consi-
dérait l'acceptation de Louis XVI comme librement donnée, mais qu'elles devaient pourtant
se tenir prêtes à défendre, s'il le fallait, les
droits sacrés de la monarchie. La Prusse et
l'Angleterre protestèrent de leurs bonnes intentions. La Hollande et les principautés ita-
liennes envoyèrent des réponses satisfaisantes.
Les électeurs de Trèves et de Mayence se ser-
virent d'expressions évasives, ainsi que l'Espagne. Mais la Czarine différa de s'expliquer, et
Gustave de Suède refusa de prendre connais-
sance de la lettre de notification. Ces deux souverains, qui s'étaient ligués contre nous à
Drottningholm (19 octobre 1791), répondirent

que le Roi n'était pas libre. Quant aux princes français, ils écrivirent à Louis XVI que le royaume était un fidei-commis que chaque titulaire était tenu de transmettre à ses successeurs tel qu'il l'avait reçu. Les puissances du Nord excitaient les princes à la résistance : elles allaient jusqu'à accréditer auprès d'eux des plénipotentiaires, et les comtes de Romanzoff et d'Oxenstierna parurent à Coblentz comme envoyés de la Suède et de la Russie.

VIII

MESURES PRISES PAR L'ASSEMBLÉE LÉGISLATIVE.

Si Louis XVI avait été sincère en acceptant la Constitution, la guerre n'aurait probablement point eu lieu. Mais un monarque convaincu de ne tenir que de Dieu son autorité et de n'en pas devoir compte aux hommes, pouvait-il se résigner à devenir un simple magistrat ? Les constituants le crurent, et c'est la plus grave erreur dans laquelle ils soient tombés.

L'Assemblée législative était à peine réunie

qu'elle dut prendre des mesures contre les émigrés. Ceux-ci continuaient toujours leurs armements, les officiers ne cessaient de déserter les régiments, les journaux subventionnés par la liste civile accablaient d'outrages les constitutionnels.

Divers décrets furent proposés, et après une discussion opiniâtre, l'Assemblée enjoignit à Monsieur (1), frère du roi, de rentrer sous deux mois sous peine de perdre son droit éventuel à la régence (28 octobre 1791); elle déclara en outre que les Français qui, au 1er janvier seraient en état de rassemblement au delà des frontières, encourraient la peine de mort comme suspects de conjuration contre la France (9 novembre 1791). Le roi sanctionna bien le premier décret, mais il apposa son veto sur le second, et l'on vit dans son refus une preuve de complicité avec l'émigration. Il fit pourtant, dès le lendemain, publier une proclamation aux émigrés et deux lettres particulières à chacun de ses frères pour les engager à revenir. Natu-

1. Le comte de Provence, qui fut plus tard roi de France sous le nom de Louis XVIII.

rellement, cette démarche resta sans effet, et tous les jours de nouvelles dénonciations apprenaient aux députés un redoublement de préparatifs au delà du Rhin.

L'Assemblée chargea alors son comité diplomatique de lui proposer les mesures à prendre vis-à-vis des puissances étrangères qui souffraient sur leur territoire des rassemblements hostiles. Koch, au nom de ce comité, lut un rapport le 22 novembre ; il constata qu'il existait toujours à Coblentz un foyer de contre-révolution et que les princes de l'Empire, au mépris de la Constitution germanique et de la capitulation de l'Empereur, souffraient chez eux des enrôlements continuels. Le 27 novembre, Cambon, d'Averhoult, Rews (1) prirent la parole à ce sujet. D'Averhoult donna lecture d'une proposition de décret, sur lequel la discussion fut ouverte deux jours plus tard.

1. « Ne vous fiez pas, dit Rews, au sommeil des despotes qui vous environnent ; croyez que ce Léopold qu'on vous peint si pacifique, mais dont les pratiques secrètes ne vous sont pas connues, ne vous pardonnera jamais d'avoir établi cette maxime incontestable, que les peuples ne sont pas la propriété des rois. »

Le député Isnard monta le premier à la tribune. Son discours est un des plus beaux qui aient été prononcés pendant la Révolution.

« Un peuple en état de révolution, s'écria-t-il, est invincible. L'étendard de la liberté est celui de la victoire... Nos adversaires sont les adversaires de la Constitution. Élevons-nous, dans cette circonstance, à toute la hauteur de notre mission. Disons à nos ministres que jusqu'ici la nation n'est pas très satisfaite de leur conduite et que par la responsabilité nous entendons la mort... Disons à l'Europe que si les cabinets engagent les rois dans une guerre contre les peuples, nous engagerons les peuples dans une guerre contre les rois! »

Les applaudissements des tribunes se prolongèrent pendant quelques minutes. On se pressait autour de l'orateur, on le félicitait, on l'embrassait. La discussion fut close, la proposition d'Averhoult adoptée, et M. de Vaublanc chargé d'en porter le texte (1) à Louis XVI à la

1. « L'Assemblée nationale décrète qu'une députation
« de vingt-quatre de ses membres se rendra près du Roi,
« pour lui communiquer au nom de l'Assemblée sa solli-

tête d'une députation de vingt-quatre membres.
« Sire, dit-il au monarque, si les Français
chassés de leur patrie par la révocation de l'édit
de Nantes s'étaient rassemblés en armes sur

« citude sur les dangers qui menacent la patrie par la
« combinaison perfide des Français armés et attroupés
« au dehors du royaume, et de ceux qui trament des
« complots au dedans, ou excitent les citoyens à la
« révolte contre la loi; et pour déclarer au Roi que l'As-
« semblée regarde comme essentiellement convenable
« aux intérêts et à la dignité de la nation toutes les
« mesures sages que le roi pourra prendre pour requé-
« rir les électeurs de Trèves, Mayence, l'évêque de
« Spire et autres princes de l'Empire qui accueillent
« des Français fugitifs, de mettre fin aux attroupements
« et aux enrôlements qu'ils tolèrent sur la frontière et
« d'accorder réparation à tous les citoyens français, et
« nommément à ceux de Strasbourg, des outrages qui
« leur ont été faits dans leurs territoires respectifs.
« Que ce sera avec la même confiance dans la sagesse
« de ses mesures que les représentants de la nation ver-
« ront rassembler les forces nécessaires pour con-
« traindre par la voie des armes ces princes à respec-
« ter le droit des gens, au cas qu'ils persistent à pro-
« téger ces attroupements, et à refuser la justice qu'on
« réclame. Décrète en outre, que la même députation
« exprimera au roi que l'Assemblée nationale regarde
« comme une des mesures les plus propres à concilier
« ce qu'exige la dignité de la nation, et ce que com-
« mande la justice, la prompte terminaison des négo-

les frontières, s'ils avaient été protégés par des
princes d'Allemagne, Sire, nous vous le deman-
dons, quelle eût été la conduite de Louis XIV?
Eût-il souffert ces rassemblements? Ce qu'il
eût fait pour son autorité, que Votre Majesté le
fasse pour le maintien de la Constitution ! »

Le 14 décembre, le Roi vint lui-même à l'Assemblée pour s'expliquer sur ses intentions. Il
prit place à la gauche du président, au milieu
d'un profond silence. Il dit qu'il avait pris en
grande considération le message du 29 novembre et que dans une circonstance où il s'agis-
sait de l'honneur et de la sûreté du royaume,
il avait cru devoir se présenter en personne;
qu'il avait employé tous les moyens pour ra-

« ciations d'indemnités entamées avec les princes alle-
« mands possessionnés en France, en vertu des décrets
« de l'Assemblée nationale constituante, et que les re-
« présentants de la nation, convaincus que les retards
« apportés aux négociations qui doivent assurer le re-
« pos de l'Empire peuvent être attribués en grande
« partie aux intentions douteuses d'agents peu disposés
« à seconder les intentions loyales du roi, lui dénon-
« cent le besoin urgent de faire dans le corps diplo-
« matique les changements propres à assurer l'exécu-
« tion fidèle et prompte de ses ordres. »

mener les émigrés et les princes; qu'il avait signifié à l'électeur de Trèves d'avoir à faire dissiper tout attroupement avant le 15 janvier prochain; qu'il avait écrit à l'Empereur pour le prier d'user de son autorité de chef de l'empire; qu'il avait ordonné des préparatifs, et que si ses avis n'étaient pas écoutés, il proposerait la guerre. « Pour moi, messieurs, conclut-il, c'est vainement qu'on chercherait à m'environner de dégoûts l'exercice de l'au-l'autorité qui m'est confiée. Je le déclare devant la France entière, rien ne pourra lasser ma persévérance, ni ralentir mes efforts. Il ne tiendra pas à moi que la loi ne devienne l'appui des citoyens et l'effroi des perturbateurs... Ceux qui observent la marche du gouvernement avec un œil attentif, mais sans malveillance, doivent reconnaître que jamais je ne m'écarte de la ligne constitutionnelle, et que je sens profondément qu'il est beau d'être roi d'un peuple libre. »

Pendant que Louis XVI tenait ce langage à l'Assemblée législative, il écrivait secrètement à l'Empereur, à l'impératrice de Russie, aux rois de Prusse, de Suède et d'Espagne pour leur présenter « l'idée d'un congrès des principales puissances de l'Europe, appuyé d'une force armée, comme la meilleure manière d'arrêter les factieux et d'empêcher que le mal puisse gagner les autres États de l'Europe (1). » De son côté, Marie-Antoinette écrivait au comte de Mercy Argenteau, résident autrichien de Bruxelles : « C'est à l'Empereur et aux autres puissances à présent à nous servir... Il n'est plus temps de craindre pour nos personnes : la marche que nous avons adoptée, en ayant l'air de marcher franchement dans le sens qu'on désire, nous met en sûreté (2). »

Cependant, Léopold répondit à la note officielle du Roi. Il se borna à notifier les conclusions de la Diète, qui refusait d'accepter aucune indemnité pour les princes possessionnés, et à affirmer que le feld-maréchal Bender, commandant des troupes autrichiennes dans la

1. Voir la lettre de Louis XVI au roi de Prusse en date du 3 décembre 1791, lettre postérieure à l'acceptation de la Constitution.

2. Lettre de Marie-Antoinette en date du 16 décembre 1791.

Belgique, marcherait au secours de l'électeur de Trèves dans le cas où celui-ci essuierait des hostilités de la part du gouvernement français.

Cette réponse fut immédiatement communiquée aux députés, et Louis XVI signifia à l'Empereur que, si au 15 janvier 1792, les Electeurs n'avaient pas donné entière satisfaction à la France, on les y contraindrait par les armes; l'Assemblée chargea en même temps son comité diplomatique de lui faire un prompt rapport sur la matière.

A ce moment, la question de la guerre occupait tous les esprits; elle était débattue par les députés, par les journalistes, par les sociétés populaires. Le mal était-il à Coblentz, comme le voulait Brissot? Était-il aux Tuileries, comme le voulait Robespierre? Écouterait-on les Jacobins, qui craignaient à juste titre une trahison du pouvoir exécutif et demandaient la paix, ou bien fallait-il se ranger à l'avis de la Gironde, suivant laquelle un « peuple qui a conquis sa liberté après dix siècles d'esclavage la besoin de la guerre pour consolider sa révoution? »

Le rapport sur le dernier office de l'Empereur fut présenté à l'Assemblée par Gensonné le 14 janvier 1792. La discussion, immédiatement ouverte, se continua le 17. « Le masque est enfin tombé, dit Brissot; votre ennemi véritable est connu. C'est l'Empereur. Les électeurs n'étaient que ses prête-noms; les émigrants n'étaient qu'un instrument dans sa main. » Il fut décreté que le Roi ne traiterait plus qu'au nom de la Nation et qu'il requerrait définitivement l'Empereur de s'expliquer avant le 1ᵉʳ mars prochain.

« Le 1ᵉʳ mars, Delessart (1) lisait à l'Assemblée une note de Kaunitz plus insolente que toutes les autres : elle fournit aux Girondins l'occasion de pousser à fond l'enquête sur les affaires étrangères. On y acquit la preuve que Delessart avait constamment éludé les ordres de l'Assemblée, qu'il s'était prêté aux intrigues de l'Autriche, qu'il n'avait cherché qu'à endormir le pays, comme pour laisser à la coalition le temps d'organiser l'invasion. Brissot démon-

---

1. Ministre des affaires étrangères.

tra que la cour de Vienne était en parfait accord avec celle des Tuileries, que l'Empereur parlait un langage identique à celui des Feuillants, et que la note du chancelier autrichien Kaunitz avait dû être rédigée sur les indications fournies par les ministres et par la reine (1). »

Cette fois, Delessart fut décrété d'accusation, après un remarquable plaidoyer de Vergniaud, « De cette tribune où je vous parle, s'écria le député de la Gironde, on aperçoit le palais où des conseillers pervers égarent et trompent le Roi que la Constitution nous a donné, forgent les fers dont ils veulent nous enchaîner, et préparent les manœuvres qui doivent nous livrer à la maison d'Autriche. Je vois les fenêtres du palais où l'on trame la contre-révolution, où l'on combine les moyens de nous replonger dans les horreurs de l'esclavage, après nous avoir fait passer par tous les désordres de l'anarchie, et par toutes les fureurs de la guerre civile. Le jour est arrivé, où vous pouvez mettre un terme à tant d'audace, à tant d'inso-

1. *Histoire de la Révolution française,* par Alfred Rambaud, page 124.

lence, et confondre enfin les conspirateurs.
L'épouvante et la terreur sont souvent sorties
dans les temps antiques, et au nom du despo-
tisme, de ce palais fameux. Qu'elles y rentrent
aujourd'hui au nom de la loi. Qu'elles y péné-
trent tous les cœurs. Que tous ceux qui l'habi-
tent sachent que notre Constitution n'accorde
l'inviolabilité qu'au Roi. Qu'ils sachent que la
loi y atteindra sans distinction tous les coupables, et qu'il n'y sera pas une seule tête, con-
vaincue d'être criminelle, qui puisse échapper
à son glaive. »

IX

LA SÉANCE DU 20 AVRIL 1792.

Il est certain que Léopold, en dépit de ses
dépêches hautaines, préférait à la guerre la
réunion d'un congrès qui aurait modifié la
Constitution. Mais la mort le surprit le 1er mars.
Son successeur, homme d'un caractère belli-
queux, répondit à notre gouvernement que la
cour de Vienne exigeait la restitution aux

princes possessionnés de leurs terres et de leurs droits féodaux, la satisfaction du pape pour le comtat d'Avignon, le rétablissement de la monarchie sur le pied de la déclaration du 23 juin 1789.

L'Assemblée accueillit cette réponse par un cri unanime d'indignation. Le 20 avril, le Roi, accompagné de tous ses ministres, se rendit dans la salle des séances; Dumouriez donna lecture du rapport fait au conseil l'avant-veille, rapport d'où résultait que la dernière note du cabinet de Vienne équivalait à une déclaration de guerre et que notre ambassadeur devait revenir sans prendre congé. Puis, Louis XVI, d'une voix hésitante : « J'ai dû, dit-il, épuiser tous les moyens de maintenir la paix. Maintenant je viens, aux termes de la Constitution, vous proposer formellement la guerre contre le roi de Hongrie et de Bohême. »

La délibération s'ouvrit le soir même. Suivant le député Becquet, la guerre devait être évitée, parce que les institutions nouvelles ne peuvent prospérer qu'à la faveur de la tranquillité publique. Quelques-uns voulaient ajourner

la discussion, mais dans un moment pareil, l'Assemblée était-elle assez calme pour allier à l'impétuosité du tempérament national la prudence du législateur? « Hâtez-vous, s'écria Mailhe, de céder à la généreuse impatience du peuple. L'humanité souffre sans doute, lorsque l'on considère qu'en décrétant la guerre vous allez décréter la mort de plusieurs milliers d'hommes; mais considérez aussi que vous allez décréter peut-être la liberté du monde entier... Je demande que l'Assemblée ne désempare pas sans avoir décrété la guerre. » Alors, il se fait un profond silence; la discussion est close; on recueille les voix et la guerre est déclarée au roi de Hongrie et de Bohême dans les termes suivants.

« L'Assemblée nationale, délibérant sur la
« proposition formelle du Roi, considérant
« que la Cour de Vienne, au mépris des traités,
« n'a cessé d'accorder une protection ouverte
« aux Français rebelles, qu'elle a provoqué et
« formé un concert avec plusieurs puissances
« de l'Europe contre l'indépendance et la sûre-
« té de la nation française.

« Que François Ier, roi de Hongrie et de Bo-
« hême, par ses notes des 18 mars et 7 avril
« dernier, refuse à renoncer à ce concert ;

« Que malgré la proposition qui lui a été
« faite par la note du 11 mars 1792, de réduire
« de part et d'autre à l'état de paix les troupes
« sur les frontières, il a continué et augmenté
« des préparatifs hostiles ;

« Qu'il a formellement attenté à la souve-
« raineté de la nation française, en déclarant
« vouloir soutenir les prétentions des princes
« allemands possessionnés en France, aux-
« quels la nation française n'a cessé d'offrir
« des indemnités ;

« Qu'il a cherché à diviser les citoyens fran-
« çais et à les armer les uns contre les autres,
« en offrant aux mécontents un appui dans le
« concert des puissances ;

« Considérant enfin que ce refus de répon-
« dre aux dernières dépêches du roi des Fran-
« çais ne laisse plus d'espoir d'obtenir, par la
« voie d'une négociation amicale, le redresse-
« ment de ces différents griefs, et équivaut à
« une déclaration de guerre ;

« Décrète qu'il y a urgence.

« L'Assemblée nationale déclare que la na-
« tion française, fidèle aux principes consacrés
« par sa constitution de *n'entreprendre aucune*
« *guerre dans la vue de faire des conquêtes, et*
« *de n'employer jamais ses forces contre la li-*
« *berté d'aucun peuple*, ne prend les armes que
« pour la défense de sa liberté et de son indé-
« pendance; que la guerre qu'elle est obligée
« de soutenir n'est point une guerre de na-
« tion à nation, mais la juste défense d'un peu-
« ple libre contre l'injuste agression d'un roi;

« Que les Français ne confondront jamais
« leurs frères avec leurs véritables ennemis;
« qu'ils ne négligeront rien pour adoucir le
« fléau de la guerre, pour ménager et conserver
« les propriétés, et pour faire retomber sur
« ceux-là seuls qui se liguèrent contre sa li-
« berté tous les malheurs inséparables de la
« guerre;

« Qu'elle adopte d'avance tous les étrangers
« qui abjureront la cause de ses ennemis, vien-
« dront se ranger sous ses drapeaux et consa-
« crer leurs efforts à sa liberté; qu'elle favo-

« risera même, par tous les moyens qui sont
« en son pouvoir, leur établissement en France ;
  « Délibérant sur la proposition formelle du
« Roi, et après avoir décrété l'urgence, décrète
« la guerre contre le roi de Hongrie et de
« Bohême. »

En agissant ainsi, la France ne prenait pas
l'offensive : elle reconnaissait officiellement la
situation où on l'avait placée. La lecture de
l'exposé des motifs rédigé par Condorcet ne
laisse aucun doute à cet égard.

Chaque nation a seule le pouvoir de se don-
ner des lois et le droit de les changer à son gré.
Le peuple français, libre de fixer la forme de sa
constitution, ne pouvait, en usant de cette faculté, blesser ni la sûreté ni l'honneur des cou-
ronnes étrangères, et c'est à son indépendance
même que s'attaquait la ligue des rois. L'Assemblée avait poussé la patience et l'amour
de la paix jusqu'à ses dernières limites : elle
avait obtenu en retour des menaces et des in-
jures. Provoquée par un ennemi perfide, elle
ne faisait pas acte d'agression en le privant de
l'avantage de porter les premiers coups,

CHAPITRE DEUXIÈME

LES PRUSSIENS EN CHAMPAGNE

I

PLAN DE LA COALITION.

Le 14 décembre 1791, Narbonne, ministre de la guerre, vint annoncer à l'Assemblèe législative la formation de trois armées : l'armée du Nord ou de Flandre, sous les ordres de Rochambeau ; l'armée de la Meuse ou du centre, sous les ordres de Lafayette ; l'armée du Rhin, sous les ordres de Luckner. Au Midi, Montesquiou devait observer les Pyrénées et les Alpes (1).

1. L'armée du Nord, forte de 48,000 hommes, s'étendait de Dunkerque à Philippeville. L'armée du Centre, forte de 52,000 hommes, s'étendait de Philippeville à la Lauter. L'armée du Rhin, forte de 43,000 hommes, était échelonnée entre la Lauter et Bâle. L'armée du Sud n'était pas encore rassemblée au moment de la déclaration de guerre.

Comme l'Espagne n'avait pas encore rompu les nœuds d'une alliance d'où dépendait en partie sa prospérité, comme l'Angleterre gardait encore « une neutralité perfide » et que Catherine voulait surtout profiter de la guerre pour écraser la Pologne, les seules puissances qui allaient tout d'abord lutter contre nous étaient l'Autriche, la Prusse, les États-Allemands, la Sardaigne, liée à l'Autriche par les traités. Les corps d'émigrés, cantonnés aux environs de Trèves et de Coblentz et dans le margraviat de Baden, ne paraissaient pas bien redoutables (1).

Nous laisserons de côté les armées sarde et autrichienne, et nous suivrons d'abord les opérations de l'armée prussienne. Le feld-maréchal Brunswick, qui la commandait, « voulait envahir la frontière à son point le plus vulnérable, à l'endroit où la Moselle sort du territoire. Comme les Prussiens tenaient le cours

1. L'armée autrichienne des Pays-Bas, forte de 50,000 hommes, avait pour chefs le duc de Saxe-Teschen, Beaulieu, Clerfayt. L'armée prussienne était commandée par le Roi, par Brunswick, par Kalkreuth ; elle était forte de 83,000 hommes.

LE DUC DE BRUNSWICK

inférieur de cette rivière par Coblentz et Trèves et son cours moyen par Luxembourg, il leur était facile de la remonter, de franchir les Ardennes, d'entrer dans le bassin de la Meuse, de passer l'Argonne et de marcher sur Paris, soit par l'Aisne et par l'Oise, soit par la Marne. Cinq places se présentaient en première ligne pour arrêter l'armée d'invasion : Mézières, Sedan, Montmédy, Longwy et Thionville. De ces cinq places, Brunswick négligerait les deux premières, neutraliserait Montmédy et Thionville par de feintes attaques, et avec le gros de ses forces tomberait sur Longwy. Une fois Longwy en son pouvoir, il se trouvait dans la vallée de la Meuse, long corridor formé par les Ardennes et l'Argonne, dont Verdun est la clef. Il espérait encore s'emparer de cette place sans difficulté, et dès lors, la route de Paris lui était ouverte, car, dès qu'il aurait pénétré en Champagne, il n'aurait pour ainsi dire qu'à suivre le cours des rivières qui l'emporterait doucement et par une pente régulière jusqu'à la capitale (1). » Pendant ce temps, les Autrichiens,

1. Gaffarel. *La défense nationale en 1792.*

massés dans les Pays-Bas, descendraient en
Flandre, et l'armée sarde envahirait au premier signal le Dauphiné et la Provence. Notre
frontière était donc menacée sur trois points
différents : au nord, par les Autrichiens ; à l'est
par les Prussiens ; au sud-est par les Sardes.

II

FUITE DE LAFAYETTE.

Après la suspension de la royauté (1), l'Assemblée législative ordonna sur-le-champ la
formation d'un camp sous Paris, interdite par
un veto de l'ex-roi, et envoya des commissaires
aux armées pour exiger d'elles le nouveau serment. Lafayette (2), partisan acharné de la mo-

1. On sait que, le 10 août 1792, le peuple s'empa-
ra des Tuileries et demanda la déchéance du Roi. Sur
la proposition de Vergniaud, la Législative décréta
Louis XVI suspendu de ses pouvoirs, et déclara qu'une
nouvelle Assemblée, la Convention, aurait à statuer sur
le sort de la royauté.
2. Le marquis de la Fayette, député à la Constituante,
est un des hommes qui contribuèrent le plus à l'éta-

LAFAYETTE

narchie constitutionnelle, avait, à la nouvelle
du 10 août, fait jurer de nouveau par ses soldats fidélité au Roi et à la nation ; seul, Dumouriez, lieutenant-général dans l'armée de Luckner depuis qu'il avait quitté le ministère, refusa
d'obéir. L'ancien commandant de la garde nationale ne s'en tint pas là : il donna au maire
de Sedan l'ordre d'arrêter les commissaires,
comme envoyés non plus par une assemblée
nationale, mais par une réunion de factieux.

En apprenant que son autorité était ouvertement méconnue, la Législative déclara Lafayette
traître à la patrie et le décréta d'accusation.
Abandonné de ses troupes, le général se diri-
gea avec quelques officiers vers les Pays-Bas,
d'où il espérait gagner l'Angleterre ; mais ar-
rêté aux avant-postes autrichiens, il ne voulut
pas renseigner l'ennemi sur la situation de nos
armées, et au mépris du droit des gens, il fut
pendant cinq années trainé de cachot en cachot.

blissement de la monarchie constitutionnelle. Connu
pour avoir pris part à la guerre de l'indépendance amé-
ricaine, il fut proclamé en 1789 commandant de la garde
nationale. La Législative lui confia le commandement
de l'armée du centre en 1792.

On doit à la vérité de dire que Lafayette, fuyant
pour ne pas renier des opinions qu'il croyait
bonnes, prit d'abord toutes les dispositions nécessaires pour que son armée pût parer aux
éventualités d'une attaque.

Après le départ regrettable de cet homme
qui avait si puissamment contribué à fonder
la liberté en France, Dumouriez reçut le commandement en chef des armées du Nord et du
Centre, et Dillon, d'abord destitué pour avoir
obéi à Lafayette, fut réintégré dans son commandement par le crédit de Dumouriez. Jus-
que-là, les belligérants ne s'étaient fait qu'une
guerre de postes, mais la journée du 10 août et
l'approche de l'automne déterminèrent nos adversaires à mener activement les opérations.

III

CAPITULATION DE LONGWY ET DE VERDUN.

Le 25 juillet 1792, jour où le roi de Prusse
vint rejoindre son armée, parut le manifeste
dit de Brunswick, dont le véritable auteur est

le marquis de Linion. Cette pièce insolente,
par laquelle la France était menacée d'une exécution militaire, n'eut d'autre effet que de hâ-
ter l'insurrection du 10 août et la suspension
de Louis XVI, car la complicité du parti de la
cour avec l'étranger ne sembla jamais si évi-
dente : le manifeste, daté du 25 de Coblentz,
parut, dès le 28, dans les feuilles royalistes.

L'armée prussienne, après s'être concentrée
à Coblentz, passa la frontière de France le 19
août et se présenta devant Longwy qui, très
probablement trahie par le commandant Laver-
gne, se rendit au bout de quinze heures de
bombardement (24 août).

L'Assemblée législative décréta immédiatement que tout citoyen qui dans une ville assié-
gée parlerait de se rendre, serait puni de mort,
et adopta la proclamation suivante :

« Citoyens, la place de Longwy vient d'être
« rendue ou livrée! Les ennemis s'avancent.
« Peut-être se flattent-ils de trouver partout des
« lâches ou des traîtres : ils se trompent; nos
« armées s'indignent de cet échec et leur cou-
« rage s'est irrité. Citoyens, vous partagez leur

« indignation. La patrie vous appelle : partez.

« L'Assemblée nationale requiert le départe-
« ment de Paris et les départements voisins de
« fournir à l'instant trente mille hommes ar-
« més et équipés. »

L'exécution de cette dernière mesure était
rendue facile par l'enthousiasme patriotique
qui remplissait alors les esprits, et l'on se di-
sait d'ailleurs que si la nation armée courait
aux frontières, elle aurait vite raison de 80,000
Prussiens.

Du côté des émigrés, l'enthousiasme n'était
pas moindre : ces traîtres ne recevaient sans
doute pas sur leur passage un accueil cha-
leureux, mais leurs coupables espérances sem-
blaient se réaliser, et ils ne se gênaient plus
pour payer tout ce qu'ils achetaient en traites
sur Louis XVI. Toutefois, Brunswick refusa de
marcher sur Paris avant de s'être assuré d'une
ligne de retraite sur la Meuse par l'occupation
de Verdun. Les bourgeois de cette ville, affolés,
parvinrent malheureusement à communiquer
leur effroi aux autorités civiles et militaires,
qui se rendirent sans même essayer de résister
(3 septembre).

Une détermination pareille, inspirée par la peur, indigna les volontaires de Maine-et-Loire et le commandant Beaurepaire : ce brave se brûla la cervelle, et Goethe, attaché à l'état-major ennemi, raconte qu'un grenadier tira sur les Prussiens, lorsqu'ils entrèrent dans la place : « J'ai vu ce Français au corps-de-garde, dit-il, c'était un très beau jeune homme, très bien fait, au regard assuré, à la contenance tranquille. En attendant que son sort fut décidé, on le laissa en liberté. Près du corps de garde était un pont, sous lequel passait un bras de la Meuse : il s'assit sur le parapet, demeura quelque temps immobile; puis, se renversant en arrière, il se jeta dans l'eau. On l'en retira mort. »

III

ÉTAT DES ARMÉES BELLIGÉRANTES. PROJET DE DUMOURIEZ.

Avant de continuer notre récit, exposons brièvement la situation des armées belligérantes.

La grande armée de la coalition était à Verdun ; Clerfayt (1) occupait Stenay ; le duc de Saxe-Teschen couvrait les Pays-Bas ; le prince de Hohenlohe-Kirchberg investissait Thionville ; le général Erbach se tenait à Spire pour y couvrir le grand magasin autrichien ; les princes d'Esterhazy et de Condé restaient dans le Brisgau et vers Philipsbourg.

Notre armée était forte de 120,000 hommes. Beurnonville, Moreton et Duval en réunissaient trente mille dans les camps de Maulde, de Maubeuge et de Lille. Dumouriez (2) campait à Sedan avec 23,000 hommes de l'ancienne armée de Lafayette. Kellermann avait 20,000 soldats à Metz, Custine 15,000 à Landau, Biron 30,000 en Alsace.

1. Le comte de Clerfayt, général autrichien, s'était distingué dans la guerre de sept ans et dans les campagnes de 1788 et 1789 contre les Turcs.

2. Dumouriez avait servi en 1757 dans le Hanovre, sous le maréchal d'Estrées. En 1763, il avait été réformé avec vingt-deux blessures. Le duc de Choiseul lui accorda sa protection, et Louis XVI lui donna le grade de maréchal de camp. L'appui des Girondins le porta au ministère en 1792, et il s'y prononça pour la déclaration de guerre au roi de Hongrie et de Bohême.

La situation de la France commençait à devenir critique. Une fois l'Argonne franchie, la route de Paris appartiendrait aux Prussiens, et la Législative ne pouvait opposer aux envahisseurs que les armées de Dumouriez et de Kellermann (1).

L'ancien ministre girondin, qui voulait « par un coup de canon réunir toutes les opinions sur son compte » avait résolu tout d'abord, comme on l'a vu, d'envahir les Pays-Bas dans l'espoir qu'une révolution y éclaterait et mettrait la France à l'abri des troupes allemandes. Obligé de renoncer à ce projet, il adopta un nouveau plan qui fait le plus grand honneur à son génie et à son audace.

La forêt de l'Argonne, longue d'environ treize lieues, s'étend de Passavant à Sedan. Elle est entrecoupée de marais, d'étangs, de ruisseaux, de hauteurs, qui la rendent impraticable, excepté dans cinq passages : le Chêne-

1. Kellermann, entré au service comme volontaire, était maréchal de camp, lorsqu'éclata la Révolution, Napoléon Ier le nomma sénateur, maréchal et duc de Valmy.

Populeux, la Croix-aux-Bois, Grandpré, la Chalade et les Islettes (1). Le duc de Brunswick, au lieu de s'emparer de ces cinq défilés, s'était étendu dans les plaines de la Meuse, afin d'assurer à ses deux ailes le blocus de Thionville et de Montmédy. Mais en présence des hésitations du feld-maréchal, Dumouriez, montrant sur la carte à l'officier Thouvenot les étroits passages de la forêt : « Ce sont là, dit-il, les Thermopyles de la France. Si je puis y être avant les Prussiens, tout est sauvé. »

V

CAMPAGNE DE L'ARGONNE. VALMY.

L'armée ennemie était rangée le long de l'Argonne, à deux lieues des positions qu'il fallait occuper, et nos soldats se trouvaient du

____

1. Le défilé du Chêne-Populeux conduit de Sedan à Rethel ; celui de la Croix-au-Bois, de Briquenay à Vouziers ; celui de Grandpré, de Stenay à Reims ; celui de la Chalade, de Varennes à Sainte-Menehoulde. Le défilé des Islettes est traversé par la grande route de Verdun à Paris.

côté de Sedan, à douze lieues des Islettes.
Avec un admirable sang-froid, Dumouriez se
mit en marche, suivi de tout son monde : Dillon,
qui était en tête avec huit mille hommes, fit at-
taquer devant Stenay les avant-postes ennemis et continua sa route, pendant que les
Prussiens, repassant la Meuse, se retranchaient
dans le camp de Brouenne. Suivant toujours
la crète des hauteurs, il occupa Grandpré le
3 septembre ; Dillon s'établit fortement dans
la Chalade et les Islettes ; enfin, Dubouquet,
venu du département du Nord, prit possession
du Chêne-Populeux.

Cette manœuvre audacieuse étonna fort les
Prussiens : ils avaient cru à une attaque générale sur le front de l'armée française, et maintenant un véritable camp retranché se dressait
entre l'Argonne et Paris. Malheureusement,
Brunswick apprit par un espion que la Croix-
au-Bois était faiblement défendue : il l'attaqua,
s'en rendit maître, et occupa également le
Chêne-Populeux, que Dubouquet avait dû éva-
cuer pour n'être pas cerné par les forces prus-
siennes.

La possession de ces deux passages ouvrait à l'ennemi le bassin de la Seine; l'armée du Nord était coupée en deux tronçons; il ne nous restait qu'à nous replier sur Châlons ou à demeurer établis sur les communications des envahisseurs.

C'est à ce dernier parti que s'arrêta le général en chef. Repassant l'Aisne, il prit position autour de Sainte-Menehoulde, face à Châlons, appuyé sur le corps de Dillon toujours maître des Islettes, et il appela à lui Beurnonville et Kellermann, qui accoururent aussitôt. Le 20 septembre, lorsque les soldats de Brunswick, après avoir canonné Valmy, commencèrent à gravir la hauteur, les volontaires de Kellermann coururent à leur rencontre au cri de *Vive la Nation* et les forcèrent à battre en retraite. Une deuxième attaque fit voir à Frédéric « que ces jeunes gens mal équipés, mal nourris, mal vêtus, qui opposaient leur poitrine aux ennemis de la France, étaient non point des mercenaires, mais bien des fanatiques et au besoin des martyrs. » Quelques jours plus tard, ceux qui avaient menacé Paris d'une exécution militaire, reprirent piteusement le chemin de l'Allemagne, laissant partout sur leur passage des mourants et des morts.

La bataille de Valmy ne fut pas seulement un succès remporté par nos troupes sur les troupes ennemies, elle marqua surtout le triomphe définitif des idées révolutionnaires en montrant aux monarques que la République saurait défendre ses droits. Le soir de ce mémorable événement, on demandait à Goethe ce qu'il en pensait : « De ce lieu et de ce jour, répondit-il, date une nouvelle époque dans l'histoire du monde, et vous pourrez dire : j'y étais. »

FIN

Paris. — J. Mersch, impr., 91, rue Denfert-Rochereau.